大都有城

一个考古人眼中的北京城墙与城门

申红宝　张中华　编著

北京出版集团
北京出版社

目录

　　一提起古都北京，人们在潜意识里往往会加上一个"老"字，称为"老北京"。同样是古都，西安没称"老西安"，南京不叫"老南京"，洛阳更没有"老洛阳"的叫法。唯有这"老北京"听起来不仅不会有突兀之感，反而有恰到好处之意境。北京虽然有 3000 多年的建城史，800 多年的建都史，但是跟西安和洛阳比起来，还是略显稚嫩——偏偏北京被称为"老北京"，这是文化自信的一种外在体现。老北京人、老北京小吃、老北京胡同、老北京四合院……只要你能想到的有关古都北京的千事万物，加上一个"老"字总是贴切的。那么这个"老"字的源头在哪里？或者说这种文化自信的源头从哪里来？正如《前门情思大碗茶》这首歌所唱的："我爷爷小的时候，常在这里玩耍。高高的前门，仿佛挨着我的家……"从这首耳熟能详的歌中，我们可以找到关键信息——前门（即正阳门）。从某种意义上说，"老北京"的源头就是北京城。

　　关于北京城的历史、伟大与壮丽，我在这里毋庸赘述。国内外的专家与学者留下了无数珍贵的文献记载和影像资料，近百年来出版的关于北京城研究的专著也是硕果累累。尤其是瑞典学者喜龙仁（Osvald Siren，1879—1966）的著作《北京的城墙和城门》（*The Walls and Gates of Peking*，1924 年出版），虽然出版了近一个世纪，但仍然是人们研究北京城墙和城门最翔实、最可靠、最完整的文献资料。北京城，一直被人们关注和研究。尤其是近些年的"北京中轴线"申遗工程，又把对北京城的关注度提升到新的高度。

研究北京城的价值和意义，如王世仁先生在 2004 年所言："明白了老北京的城墙城门，对于当代北京的建设又有什么用呢？这就是我们必须面对的文物保护的价值取向问题了。老北京有四重城，即外城、内城、皇城、宫城（又名紫禁城），城各有门，内外城和宫城城门上有楼，另有有楼无门的角楼、铺楼。外城 7 门，共有城楼 18 座；内城 9 门，共有城楼 34 座；皇城 10 门；宫城 5 门，共有城楼 9 座……现状是宫城的门、楼全部存在；皇城只剩一座天安门；内城的尚存正阳门城楼和箭楼，德胜门箭楼，东南角楼和西部内外城相交处铺楼（重建）；外城的全部无存……作为文物，它们都可以说是稀世珍品。从保护文物的价值取向来说，它们都有两大价值：一个是自身固有的价值，即我们通常说的历史、艺术、科学三大价值，总的都属于历史价值；另一个是社会价值，即它们在当代生活中可能具有的社会功能。"（王世仁：《为什么重建永定门——〈流逝的风情〉代序》，北京市文物研究所、北京市文物古建工程公司编：《流逝的风情——北京的城门与城墙》，北京燕山出版社 2004 年版）王老所言剩余数只是单指城门和城楼，北京城是中国封建社会一个完整的封闭防御性城市的典型代表，如果算上城墙和其他附属建筑，那整个北京城的剩余率不足千分之一。

从文物保护与社会价值的角度来说，关于北京城的每一张照片都弥足珍贵，随着时光的流逝，照片蕴含的重要价值让它本身就变成一件文物。本书中北京城墙与城门的老照片，是从北京市考古研究院收藏的工作资料中挑选出来的。北京市考古研究院前身为北京市文物调查组（1951）、北京市文物调查研究组（1954）、北京市文物工作队（1960）、北京市文物研究所（1984）、北京市文化遗产研究院（2021），从成立之初直到 20 世纪 80 年代，负责北京市辖区内的地上文物保护和地下文物的考古发掘工作。这批老照片的拍摄时间为 20 世纪 50 年代至 70 年代，是老一辈北京考古人用手动相机，一张一张记录下来的北京城墙与城门在当时的样子和变化。

这批照片之所以珍贵，在于当时特殊的政治和社会环境：一是新中国成立不久，百废待兴，各行各业都在鼓足干劲儿建设社会主义。二是国家和社会各界大部分人对文物保护的意识还处于初级的朴素阶段，没有形成科学、系统的文物保护理念。三是对于北京城墙与城门的保护态度，人们在修缮保护与拆除布新这两种截然相反的观点间左右摇摆。北京城墙与城门不是一天消失的，人们为保护还是拆除它们争论了20多年，在保护中破坏，在破坏中保护，建筑单体修缮和大面积拆除的场景同时出现。四是北京考古人在当时是一支新成立的队伍，工作人员寥寥无几、专业水平参差不齐，设备设施不尽如人意，社会环境并不稳定，文物保护对象遍布京城。在这样的环境下，北京考古人不忘初心，甘于奉献，用双脚丈量北京城，用相机拍摄北京城，用专业知识保护北京城，数十年如一日地奔波在保护北京古都文化遗产的路上，北京城的一门一墙、一砖一木都留下了他们因保存而喜悦、因失去而悲伤的印记。

2021年是中国现代考古学诞生100周年，瑞典人安特生（Johan Gunnar Andersson，1874—1960）也许不会想到，他100年前在河南仰韶村的"一（探）方一（手）铲"会给中国考古学带来如此大的影响，更不会想到经过100年不平凡的发展历程，中国考古学取得了举世瞩目的辉煌成就。随着文物保护的观念深入人心，对考古与文化遗产的保护及阐释逐渐成为我们国家文化自信的重要标志之一。

"往者不可谏，来者犹可追。"2022年是中国现代考古学迈向新的100年的开局之年。百年新征程，历史又起航。百年大业始于当下，如何用科学、包容、创新的价值观去守护我们的文化遗产这一共同精神家园，是每一个考古人和社会各界都要认真思考的问题。

　　似水流年，如白驹过隙；100 年不过弹指一挥间。希望通过本书，能够给大家带来对文物保护事业的一丝触动、一点启发和一些思考。

　　大都有城，大都无城。此大都非彼大都，此大都亦彼大都；此大都今朝已无城，此大都亦曾也有城。

　　在这里，向筚路蓝缕、甘于奉献、有使命担当的老一辈北京考古人致以崇高的敬意！

申红宝

2022 年 7 月 14 日

城

门

大都有城——一个考古人眼中的北京城墙与城门

正阳门

由正阳门城楼脊上摄照之正阳门箭楼　　1963年7月*

*本书中的照片说明文字均来自底片登记表上的原始信息。为了原貌展
示，作者并未加修改，只增加少量括注，以使照片说明更加清晰完整。
照片说明中的时间，均为底片登记时间，与拍摄时间有少许延迟性。

正阳门城楼下关帝庙（关帝庙东山墙）　1966年5月

正阳门城楼下观音庙（城楼东边的正面） 1966年5月

崇文门

崇文门北望　　1972年12月

崇文门西山面　　1966年5月

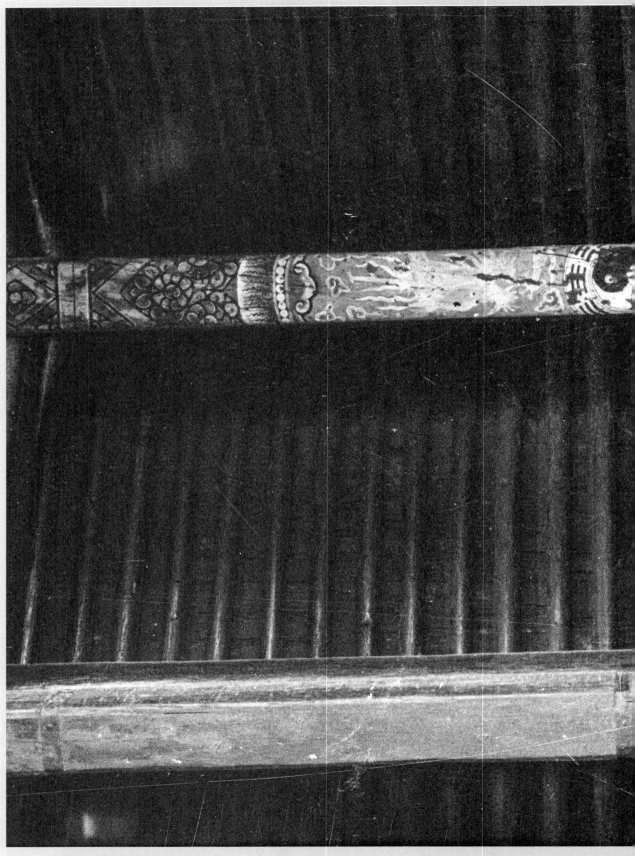

崇文门（城楼）明间脊枋彩画　　1966年5月

（下图）崇文门城楼内檐转角斗拱后尾　　1970年

（右图）崇文门（城楼）拆除工程东山面架子　　1970年

崇文门城楼顶东面大吻　　1970 年

崇文门（城楼）二层檐东南角小兽　　1970年

大都有城——一个考古人眼中的北京城墙与城门

（上图）崇文门（城楼）拆除工程现场　　1970年
（下图）崇文门（城楼）拆除工程现场　　1970年

崇文门（城楼）上檐南面斗拱　　1970年

崇文门（城楼）拆除工程现场　　1970年

崇文门（城楼）拆除工程现场　　1970年

（下图）崇文门（城楼）拆除工程（出土物）　　1970年

（右图）崇文门城楼（修理）竣工碑志　　1970年

崇文门马道转角石刻　　1970年

崇文门城台西北角石刻　　1970年

宣武门

宣武门城楼正面（南面）　　1966年3月

（下图）宣武门城楼城门券洞　　1966年3月

（右图）宣武门城楼东北面　　1966年3月

（下图）宣武门城楼北面　　1966年3月

（右图）宣武门城楼西山面　　　1966年3月

宣武门城楼西南角平座部分及台基顶　　1966年3月

宣武门城楼东山面下部　　1966年3月

宣武门城楼东山面上部　　1966年3月

宣武门城楼西次间五架梁正面　　1966年3月

宣武门城楼西次间五架梁结点细部　　1966年3月

宣武门城楼西次间五架梁西山面内部斗拱后尾　　1966年3月

宣武门城楼西次间五架梁天花板上部南半部梁架　　1966年3月

宣武门城楼西次间五架梁南面明间斗拱后尾　　1966年3月

（上图）宣武门城楼正面架子　　1966年3月

（下图）宣武门城楼背立面架子　　　1966年3月

（下图）宣武门城楼东北角架子　　1966年3月

（右图）宣武门城楼东山面架子　　1966年3月

（下图）宣武门城楼西北角架子　　1966年3月

（右图）宣武门城楼西山面架子　　1966年3月

（上图）宣武门（城楼）下层檐走兽　　1966年3月

（下图）宣武门（城楼）山花挂尖　　1966年3月

（上图）宣武门（城楼）屋顶垂脊和戗脊　　1966年3月

（下图）宣武门（城楼）上层合角吻　　1966年4月

（上图）宣武门城楼头层檐平身斜斗拱　　1966年4月

（下图）宣武门城楼下檐平身斜斗拱　　1966年3月

宣武门城楼头层檐柱头斜斗拱　　1966年4月

（上图）宣武门城楼二层檐柱头斜斗拱　　　1966年4月

（下图）宣武门城楼二层檐平身斜斗拱　　　1966年4月

（下图）宣武门城楼平台"品"字形斜斗拱　　1966年4月

（右图）宣武门城楼平座合角吻　　1966年4月

（上图）宣武门（城楼）拆除工程：墙内暗柱　　1966年4月

（下图）宣武门（城楼）拆除工程：吊走一根东南角暗柱　　1966年4月

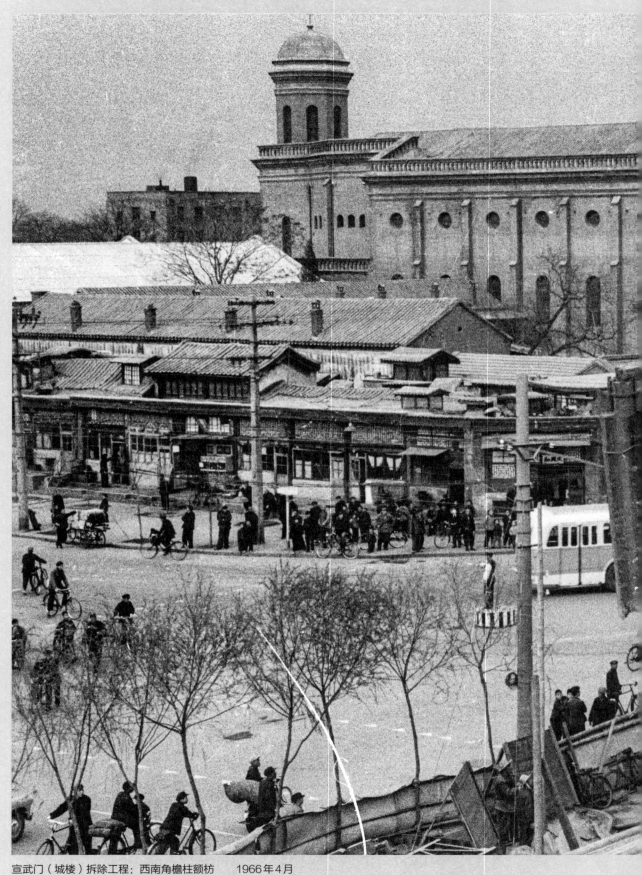

宣武门（城楼）拆除工程：西南角檐柱额枋　　1966年4月

（上图）宣武门城楼东北转角斗拱　　1966年4月

（下图）宣武门城楼东北转角斗拱　　1966年4月

宣武门（城楼）拆除工程：南面下檐明间檐柱　　1966年4月

宣武门（城楼）西面抱头梁侧面　　1966年4月

（下图）宣武门（城楼）下层东门暗柱两旁的望柱　　1966年4月

（右图）宣武门（城楼）南面东稍间额枋柱子　　1966年4月

大都有城——一个考古人眼中的北京城墙与城门

（上图）宣武门（城楼）北面东次间下檐斗拱　　1966年4月

（下图）宣武门（城楼）北面明间下檐斗拱　　1966年4月

宣武门（城楼）北面一层东南角檐柱额枋、平板枋　　1966年4月

宣武门（城楼）北面一层桁碗（椀）　　1966年4月

（上图）宣武门（城楼）北面一层斗拱东北角结点　　1966年4月

（下图）宣武门（城楼）北面一层斗拱东北角　　1966年4月

宣武门（城楼）东侧面插金柁侧面　　1966年4月

（上图）宣武门城楼拆除工程　　1966年4月
（下图）宣武门城楼拆除工程　　1966年4月

（下图）拆除宣武门（城楼）下层西北角工程情况　　1966年4月

（右图）宣武门（城楼）上层架子　　1966年4月

（上图）宣武门（城楼）上层包镶柱子断层　　1966年4月

（下图）宣武门（城楼）上层平座平台"昌"字形料斗拱后尾　　1966年4月

东直门

东直门门楼东望　　1972年12月

东直门拆门楼的工程情况　　1972年12月

东直门拆门楼的工程情况　　1972年12月

安定门

安定门拆除工程　　1970年

安定门瓮城拆除时呈现的门楼　　1970年

安定门瓮城包砖层次情况　　1970年

安定门瓮城包砖　　1970年

西直门

西直门前楼东侧　　1963年8月

西直门（城楼）搭架子安避雷针（南面）　　1963年8月

元代和义门（原压在明代箭楼之下）　　1970年

大都有城——一个考古人眼中的北京城墙与城门

发现元代和义门时的情况　　1970年

大都有城——一个考古人眼中的北京城墙与城门

西直门瓮城南面的门及千斤闸　　1970年

元代和义门门礅石　　1970年

元代和义门门磁石　　1970年

西直门瓮城拆除工程　　1970年

西直门拆除工程　　1970年

阜成门

阜成门城楼东望　　1965年4月

城墙

大都有城——一个考古人眼中的北京城墙与城门

东直门城墙北望　　1964年7月

东直门附近城墙夯层　　1964年7月

雍和宫后城墙外皮　　1964年7月

雍和宫后外皮墙基石　　1964年7月

车沿后墙外皮　　1964年9月

（上图）车沿后墙出土碑额　　1964年9月

（下图）车沿后墙出土张氏墓碑　　1964年9月

（上图）车沿后墙出土石碑　　1964年9月
（下图）车沿后墙出土石碑　　1964年9月

车沿后墙出土黄琉璃　　1964年9月

德胜门城墙　　1964年3月

（上图）德胜门城墙挖掘工程出土柱础穿孔石　　1964年4月

（右上图）德胜门城墙挖掘工程出土石券　　1964年4月

（右下图）德胜门城墙挖掘工程出土柱础　　1964年4月

大都有城——一个考古人眼中的北京城墙与城门

德胜门城墙挖掘工程情况　　1964年5月

（下图）德胜门城墙挖掘工程出土物　　1964年5月

（右上图）德胜门城墙挖掘工程出土物　　1964年5月

（右下图）德胜门城墙挖掘工程出土物　　1964年5月

德胜门城墙北椁瓮砖内层壁面　　1964年6月

德胜门城墙北樗瓮砖结构　　1964年6月

（上图）德胜门城墙出土的石臼　　1964年6月

（下图）德胜门城墙门楼之柱础　　1964年6月

德胜门城墙　　1964年6月

德胜门西城墙立木痕迹　　1964年7月

西直门外城墙豁口城基元代土层　　1964年6月

西直门外城墙豁口城基元代夯窝　　1964年6月

西直门外城墙豁口城基元代夯窝　　1964年6月

西直门外城墙豁口城基元代马面　　1964年6月

西直门外城墙豁口城基元代土层结构全景　　1964年6月

西直门出土隆公禅师之塔额　　1964年10月

（上图）西直门墓砖出土现场　　　1964年10月

（下图）西直门墓砖出土现场　　　1964年10月

西直门城墙夯窝　　1964年10月

大都有城——一个考古人眼中的北京城墙与城门

西直门城墙断面　　1964年12月

大都有城——一个考古人眼中的北京城墙与城门

西直门南侧城垣断面（由南向北）　1965年2月

（下图）西直门城墙断面特写　　1965年2月

（右图）西直门城墙断面特写　　1965年2月

桦皮厂豁口城墙内皮　　1964年9月

（下图）西直门后桃园城墙马面东北角转弯处　　1973年3月

（右图）西直门后桃园城墙马面东面基座　　1973年3月

阜成门北马面断面全景　　1964年6月

阜成门北马面和城墙的情况　　1964年6月

阜成门南豁口城墙留下的明琉璃瓦等　　1964年6月

阜成门南豁口城墙留下的明琉璃瓦等（远景）　　1964年6月

阜成门城墙和马面连接处瓮砖　　1964年6月

大都有城——一个考古人眼中的北京城墙与城门

阜成门城墙和马面连接处瓮砖　　1964年6月

阜成门南下水道断面暴露从元代至今地层　　1964年8月

阜成门南下水道断面暴露：元代至今地层　　　1964年8月

阜成门北官园豁口南城墙马面层次（自南向北望，地层为元代或明初）　1965年2月

阜成门北官园豁口南城墙马面元明之分界　　1965年2月

阜成门北之城垣（外层为元砖，不用灰浆，再外为明城砖）　　1965年2月

阜成门西城垣残迹（自南向北望）　　1965年2月

大都有城——一个考古人眼中的北京城墙与城门

官园南中心台南面明代夯筑层　　1965年6月

官园南中心台前后建筑衔接层次（北面）　1965年6月

官园南中心台发现的沟纹砖　　1965年6月

官园南中心台发现的青砖　　1965年6月

建国门的南墙　　1964 年 8 月

建国门豁口　　1964年8月

建国门南望柱头发现现场　　1965年4月

建国门南城墙　　1965年4月

（上图）建国门南城墙内皮内面　　1965 年 4 月

（下图）建国门南城墙内皮内面　　1965 年 4 月

大都有城——一个考古人眼中的北京城墙与城门

建国门南城墙明代夯土层　　1965年4月

（上图）建国门南城墙明代夯土层　　1965年4月

（下图）建国门南城墙明代圆夯　　1965年4月

大都有城——一个考古人眼中的北京城墙与城门

建国门南城墙外皮砌入的汉白玉望柱头　　1965年4月

（上图）元代素砖　　1964年

（右上图）东北城角出土元代素砖　　1964年

（右下图）东北城角出土金代沟纹砖　　1964年

（上图）东北城角出土方砖　　　1964年

（下图）东北城角出土金代大方沟纹砖　　　1964年

（上图）东北城角出土唐代绳纹砖　　1964年

（下图）东北城角出土辽代绳纹砖　　1964年

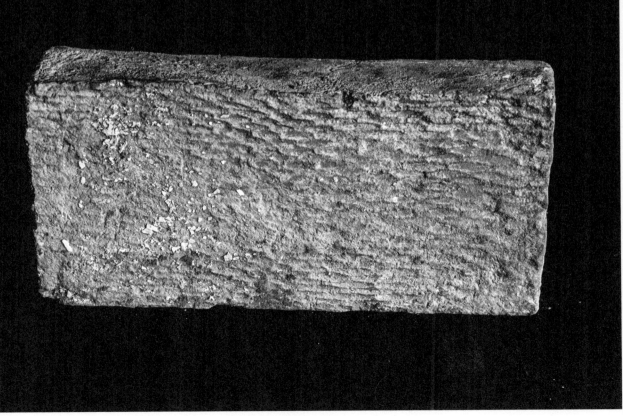

大都有城——一个考古人眼中的北京城墙与城门

东北城角夯土层　　1964年7月

（上图）东南城角出土抱鼓石　　1965年2月

（下图）东南城角出土抱鼓石　　1965年2月

东南豁口城墙外皮断面　　　1965 年 2 月

东南豁口城墙东望断面　　1965年2月

东南城角观象台北侧城垣断面（东侧）自北向南望　　1965年2月

东南城角观象台北侧城垣断面（西侧）自北向南望　　1965年2月

东南角楼被拆之基础残破情况　　1967年

东南角楼城墙被拆情况　　1967年

东南角楼城墙被拆　　1967年

东南城角角楼西南面　　　1971年8月

东南城角角楼东南面　　1971年8月

东南城角角楼东面　　1971年8月

东南城角角楼东北面　　1971年8月

东南城角角楼北面　　1971年8月

复兴门北墙断面全景　　1965年4月

（上图）北城墙（新街口西）墙基出土元代石刻（医药公司仓库）　　1970年

（右上图）北城墙（新街口西）墙基出土元代石刻（医药公司仓库）　　1970年

（右下图）北城墙（新街口西）墙基出土元代石刻（医药公司仓库）　　1970年

北城墙（新街口西）墙基出土元代石刻（医药公司仓库）　　1970年

北城墙（新街口西）墙基出土元代石刻（医药公司仓库）　　1970年

永定河引水工程西便门角楼拆除前景象　　1971年3月

永定河引水工程西便门外桥西北岸出土的石雷　　1971年3月

永定河引水工程西便门外桥西北岸出土的石雷　　1971年3月

其他

从景山望故宫（中轴线） 1961年5月

天安门　　1961年5月

大都有城——一个考古人眼中的北京城墙与城门

天安门修建后的面貌　　1970年

故宫午门全景　　1961年5月

地安门匾额　　1964年12月

地安门南面　　1964年12月

地安门门楼转角　　1964年12月

地安门北面　　1964年12月

从景山望鼓楼　　1961年5月

钟鼓楼　　1961年6月

钟楼　　1961年5月

鼓楼　　1961年5月

鼓楼北立面　　1971年

太庙俯视　　1961年5月

东直门外铁塔（康熙年间文物）　　1965年3月

大都有城——一个考古人眼中的北京城墙与城门

东直门外铁塔　　1965年3月

东直门外铁塔局部（塔肚部分）　　1965年3月

西直门武定侯胡同发现元代城墙中石刻　　1964年

黄寺元代井　　1964年8月

西直门桦皮厂城墙下元代福寿兴元观遗址　　1966年5月

附录 九门修建、重修、改建和拆除情况

正阳门（前门），元大都丽正门，明初仍名丽正门。明正统元年（1436）重建城楼，增筑瓮城、箭楼、闸楼，正统四年（1439）竣工，更名正阳门。明万历三十八年（1610）、清乾隆四十五年（1780）、道光二十九年（1849）箭楼火灾，后均重修。1900 年城楼和箭楼毁于八国联军之役，1903 年城楼按崇文门规制放大修建，箭楼按宣武门箭楼规制放大修建。1915 年拆除正阳门瓮城及东、西两座闸楼，在城楼东、西两侧城墙各开辟两个洞子门，并改造箭楼。新中国成立后又对城楼和箭楼进行多次维修，并保留至今。

崇文门（俗称哈德门，又称海岱门），元大都文明门，明初仍名文明门。明正统元年至四年重建城楼，增筑瓮城、箭楼、闸楼，并更名崇文门。明代弘治、正德、嘉靖、隆庆、万历各朝均有修缮。清乾隆二十五年（1760）曾大修城楼，1900 年箭楼毁于八国联军之役，仅存城台。1901 年因修铁路，拆通崇文门瓮城，拆瓮城西侧闸楼及关帝庙，并将箭楼城台中间辟券门。民国初年拆箭楼城台及券门，1920 年修饰城楼。1950 年拆瓮城东、西洞子门及残存的瓮城，在城楼西侧城墙开豁口，1959 年拆除城楼。

宣武门（俗称顺治门），元大都顺承门，明初仍名顺承门。明正统元年至四年重建城楼，增筑瓮城、箭楼、闸楼，更名宣武门。明代弘治、正德、嘉靖、隆庆、万历各朝均有修缮，清代历朝也有修葺。1921 年、1944 年曾修城楼，1927 年、1931 年拆除箭楼、闸楼和瓮城。1930 年拆除距城门 10 米之 5 座砖砌方台（测水之深浅，定城门泄水标准，为明清泄洪报警设施）。1950 年在宣武门东侧城墙开豁口，1965 年拆除城楼。

朝阳门，元大都齐化门，明洪武元年（1368）、四年（1371）修补沿用，明永乐十七年（1419）修葺。正统元年至四年重建城楼，增筑瓮城、箭楼、闸楼，更名朝阳门。明清历朝均有修葺，1900 年被八国联军破坏，后箭楼重建。1915 年在箭楼后部两侧建"之"字形砖磴道，并拆除瓮城及闸楼。1950 年在城门北侧城墙开豁口，

1953 年拆除城楼，1957 年拆除箭楼。

东直门，元大都崇仁门，明初沿用，永乐十七年修葺，改称东直门。正统元年至四年，重建城楼，增筑瓮城、箭楼和闸楼。明成化九年（1473）城楼火灾，后重修。清嘉庆三年（1798）重修城楼。明清历朝多有修葺。1915 年因修铁路，拆除瓮城和闸楼，在箭楼后部两侧建"之"字形砖磴道。1927 年拆除箭楼，1958 年拆除箭楼台基。1965 年拆除城楼。

安定门，明初新建，据元安贞门改为安定门。正统元年至四年修城楼，增筑瓮城、箭楼和闸楼。正统六年（1441）城楼火灾，当年修复。清道光六年（1826）城楼火灾，后修复。明清历朝多有修葺。1915 年因修铁路，拆除瓮城和闸楼，在箭楼内侧左右砖砌"之"字形砖磴道。1950 年在城楼东侧城墙开豁口，1953 年拆除真武庙，1969 年拆除城楼和箭楼。

德胜门，明初新建，据元健德门改为德胜门。正统元年至四年，建城楼，增筑瓮城、箭楼和闸楼。城楼 1921 年拆除，1955 年拆除城台和券门。箭楼于明万历二十年（1592）、清康熙十八年（1679）曾大修，乾隆朝重修。1900 年被八国联军破坏，1902 年修缮。1915 年修铁路，拆除瓮城和闸楼，并在箭楼内侧左右砖砌"之"字形砖磴道。1951 年、1976 年修缮箭楼，1979 年及其以后曾全面重修，保留至今。1921 年拆除城楼，1955 年拆除城台和券门。1992 年真武庙辟为钱币博物馆。

西直门，元大都和义门，明初沿用。明洪武十四年（1381）重修（见元代和义门瓮城题记），明永乐十七年修缮后更名西直门。明正统元年至四年，增建瓮城、箭楼和闸楼，并将元和义门瓮城城台包筑于箭楼城台之下。明清历朝多有修缮，清乾隆五十四年（1789）大修城楼和箭楼，光绪二十年（1894）修城楼。20 世纪 30 年代拆除关帝庙，1950 年修城楼、箭楼和瓮城，1953 年在城门南侧城墙开洞子门，1955 年后瓮城为电车和无轨电车调车场。1969 年拆除城楼、瓮城、箭楼和闸楼。

阜成门，元大都平则门，明初沿用。明洪武四年修缮，十四年重修，明永乐十七年修缮。明正统元年至四年重建城门，增筑瓮城、箭楼、闸楼，改名阜成门。此后明清历朝多有修葺。1935 年拆除箭楼和闸楼，1953 年拆除箭楼台基和瓮城。1950 年在城门南侧城墙开豁口，1965 年拆除城门。

（参见张先得：《明清北京城垣和城门》，河北教育出版社 2003 年版。）

明
清
北
京
城

考
古
发
现
简
述

李
伟
敏

申
红
宝

　　明清时期的北京城作为中国封建社会最后的都城，是在元大都的基础上，历经500多年的改建、修缮、扩建而成，形成四重城即外城、内城、皇城、宫城的城市格局。明清北京城吸收了历代都城的建设经验，设计严谨，布局合理，功能完备，外观宏伟博大，代表着中国古代都城形制布局的最终定式，是中国古代封建社会都城发展的巅峰之作。

　　明清北京城基本为明代格局，明代北京城历经了明洪武、永乐、正统、嘉靖时期4次大规模的改建、修缮与增建，最终形成了平面呈"凸"字形、内九外七十六座城门的格局，这种格局一直沿用至清朝末年。

　　洪武元年（1368），大将军徐达率明军攻占元大都后，命华云龙督工整修故元都，新筑城垣，北取径直，东西长一千八百九十丈，又修故元都西北城垣，"缩其城之北五里，废东西之北光熙、肃清二门"。其后大将军徐达改故元都安贞门为安定门，健德门为德胜门，其余诸门依旧，各门仍建月城，城内缩后"周围四十里"，城墙"创包砖甓"。永乐元年（1403）正月，明成祖朱棣诏"以北平为北京"，称"行在"，二月改北平府为顺天府。永乐四年（1406）着手营建北京宫殿。永乐十七年（1419）拓北京南城墙，计两千七百余丈。重建之南城垣仍辟三门，保留元大都城门名，正中为丽正门，东为文明门，西为顺承门。但将东城垣之崇仁门改为东直门，西垣之和义门改为西直门。永乐十八年（1420）北京郊庙、宫殿成，十九年（1421）正月永乐帝正式迁都北京。正统元年（1436）修建京城九门城楼，计建九门城楼和月城，城四隅建角楼，修城濠和桥闸。正统四年（1439）完工，改丽正门为正阳门、文明门为崇文门、顺承门为宣武门。同时又把东西城垣的齐化门与平则门分别改称为朝阳门与阜成门。正统十年（1445），城墙内壁开始全部砌砖。嘉靖年间北京城最重要的营建活动是增筑外城。由于北方蒙古瓦剌部和俺答部先后对北京造成很大威胁，因此于嘉靖三十二年（1553）"相度京城外四面宜筑外城"，七十余里。后"又虑工费重大"，"宜先筑南城"，将南面已筑成的外郭由二十里改为三十里，两端折而向北至内城东南角和西南角，"转抱东西角楼止"。新筑的外城南垣辟三门，中为永定门，东为左安门，西为右安门，东垣开广渠门，西垣开广宁门，北面与内城交接处东、西各开东便门、西便门，外城四隅设角楼。嘉靖四十三年（1564）增建外城七门之瓮城（未建箭楼），挖外城护城河。从西便门外分内城的护城河水，引入外城护城河东入通惠河。至此，北京城形成了外城在南、内城在北的"凸"字形平面形制（见《明代北京城平面图》）。

清代北京城的形状、格局基本延续明代，主要对内城和外城做了一些调整和改造，如将内城一般居民迁至外城，内城驻守八旗官兵并设营房，对明代的一些衙署、府邸做了调整与改建，在内城营建了许多宗室王公及贵族的府邸。

一、明代北京内城、外城

明北京内城平面呈东西较长、南北稍短、西北抹角的横长方形。内城四垣因修筑年代不同，其结构也有所不同，其中东、西城垣是在元大都东、西城墙基础上补筑包砖扩建而成，北城墙是明军在攻破大都后新修筑的，南城墙是永乐十七年（1419）拓南城时开始修筑的。内城共九门，九门由城门、城台和城楼构成。

明北京外城平面呈东西长、南北短的"凹"字形，与内城共同形成"凸"字形平面。外城于嘉靖三十二年新筑，周长二十八里，为门七，城南一面长二千四百五十四丈四尺七寸，东一千零八十五丈一尺，西一千零九十三丈二尺。外城城垣构筑技法与

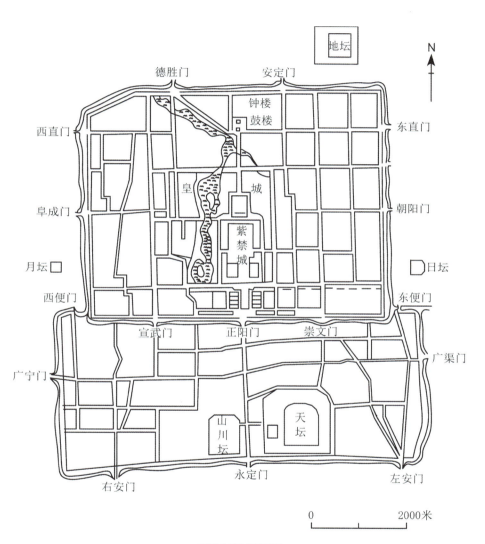

地坛

N

德胜门　　　安定门

钟楼
鼓楼

西直门　　　　　　　　　　　　　　东直门

皇　　城

阜成门　　　　　　　　　　　　　　朝阳门

紫
禁
城

月坛　　　　　　　　　　　　　　　日坛

西便门　　　　　　　　　　　　　　东便门

宣武门　　正阳门　　崇文门

广渠门

广宁门

山
川
坛　　天坛

右安门　　　永定门　　　左安门

0　　　　　　2000米

明代北京城平面图

永乐年间内城墙的构筑方式相同，但规制小于内城墙。外城七门形制和构筑技法等与内城门大同小异，其规制也小于内城门。

明代北京内城、外城的考古工作主要是 20 世纪 60 年代对内城垣的局部发掘清理。1962 年开始，为配合大规模城墙拆除工程，考古工作者对明代北京城内城垣遗址进行了局部发掘，首次了解了明北京内城城垣的建筑结构。通过对东、西城墙的解剖，可知内城垣东、西城墙由内到外可分 4 层：第一层为元代用纯黄土夯筑的"土心"部分；第二层为包筑在元代夯土层之上的明代夯土层；第三层也是明代夯土层，使用掺杂大量砖头、瓦片和明代瓷片的灰渣土，夯层疏松；第四层为内外墙皮包砖，外墙皮包砖分两层，里层是厚约 1.3 米用元代小城砖砌筑的包砖层，外层用明代大城砖包皮，白灰浆砌筑。内墙皮包砖只用明代大砖，厚约 1 米，白灰浆砌筑（见《明代北京城内城西城垣剖面图》）。南城垣、北城垣内外壁包砖用料、衬基及砌筑方法与东西城垣基本相同，唯各段城墙的"土心"区别较大，南城垣"土心"为前后两次夯筑，夯层间夹筑一层厚约 10 厘米的碎砖头。北城垣"土心"部分主体用砖瓦和黄土分层夯筑，其中夹杂元代各类瓦件，部分地段还包含未经拆除清理的房址、帐柱、石碑等。[①] 此外，1969 年在拆除西直门箭楼时发现明代重修城门时将元代和义门瓮城城台包填于西直门箭楼下，并发现了明洪武十四年（1381）重修城门时的墨书题记。[②]

二、明代北京皇城和紫禁城

明初将宫城与禁垣统称"皇城"，正统以后始分"内皇城"（宫城）和"外皇城"（禁垣），万历年间重修《大明会典》时才将宫城称为"紫禁城"，禁垣称"皇城"。

---

① 北京市文物研究所：《北京考古四十年》，北京燕山出版社 1990 年版。

② 中国科学院考古研究所元大都考古队、北京市文物管理处元大都考古队：《元大都的勘查和发掘》，《考古》1972 年第 1 期。

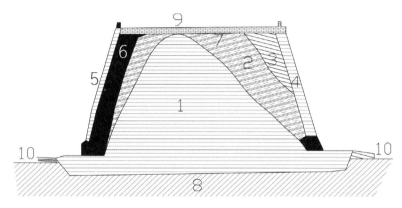

明代北京城内城西城垣剖面图

1.元大都土城垣夯土层　2.明代夯土层　3.明代堆积夯层　4.内壁包皮大砖层
5.外壁小砖层　6.外壁包皮大砖层　7.三合土　8.生土层　9.上顶甬道铺地砖
10.地表堆积层

明北京皇城营建于明永乐年间,位于内城中间略偏西南,皇城较元大都的萧墙略外扩,其南城墙在今东、西长安街北侧,北城墙在今地安门东、西大街南侧,东城墙在今东黄城根,西城墙在今西黄城根。设四门,正门为承天门(天安门),后门为北安门(地安门),东门为东安门,西门为西安门。皇城的主体在承天门等四门中间,其平面略呈南北竖长方形,西南缺一角。皇城东北部和东部是内府诸监、司、局、库、房、厂、场等主要集中区,直接为皇室服务,亦是官办手工业作坊区。皇城西北部有玉熙宫、内安乐堂、承华殿、清馥殿,沿皇城西墙内侧有甲字等十库,西安门内大道北,东西向排列有西酒库、西花房、藏经库、洗帛厂、果园厂、司钥库、鸽子房等,中间有大藏经厂以及羊房、牲口房、虎房等。承天门(天安门)前有宫墙围成的"T"字形宫廷广场,称为皇城的"外郭",向南凸出部分止于大明门,门内两侧建宫墙,北端东西折分别接东、西长安门。大明门内有石板御路直抵承天门,御路两旁沿宫墙内侧建连檐通脊东西向廊庑,即千步廊。千步廊两侧置主要中央衙署,东侧外自南向北分置礼部、户部、吏部、宗人府,其东(后排)自南而北为太医院、钦天监、鸿胪寺、工部、兵部。又建翰林院于后排之东,临玉河西堤。千步廊外西侧前排自南而北为前、右、左、中四军都督府,其西(后排)自南而北为锦衣卫、通政使司、太常寺、后军都督府。东、西长安门外,又辟东、西公生门,分别通向千步廊两侧衙署区。

明北京皇城因为后期建筑覆压而难以开展大规模的考古发掘工作,仅在配合城市建设、改造过程中进行了小范围的发掘。2001年对明皇城根遗址开展的考古发掘明确了皇城东墙的走向及建筑结构,发现了东安门、望恩桥雁翅等遗迹,此外还发现了皇城西南城墙转角及涵洞遗址。[①] 此次发现的皇城东墙,大体与现东黄城根北街平行,南起晨光街南口,北至平安大街南口。在此范围内,墙基础基本连续,局部残存墙体砌砖。经解剖可知,皇城东墙基础由夯土和砖砌基础两部分组成。东

---

① 李华:《北京东皇城根遗址发掘简报》,《北京文物与考古》第5辑,北京燕山出版社2002年版。李华:
《西黄城根明清城墙转角及过水涵洞》,《北京文博》2001年第1期。

安门大街南北两侧地段的墙体保存稍好，砖基础高 0.72 米，共有砌砖 5 层。东安门遗址东接皇城东墙基础，横跨现东安门大街南北两侧。共发现砖砌磉礅 5 个，平面均呈方形，边长 1.5 米。望恩桥雁翅残迹位于东安门大街南北两侧，其外侧用石条垒砌而成，保存整齐。内侧用青灰城砖接石条垒砌。雁翅现存宽度为 0.52 米。两段雁翅西部各连一段拦土墙，东西走向，西高东低呈缓坡状，宽 1 米，北侧拦土墙残长 9 米，南侧拦土墙残长 13 米。拦土墙东端均与皇城东墙基础相接，西端均叠压于南河沿大街下。

紫禁城在皇城中的位置略偏东南，其平面呈南北竖长方形，主体工程营建于明永乐十五年（1417）六月至十八年（1420）十一月，以后又多有续建。紫禁城四周环宫墙，四面各开一门，南正中称午门，北正中称玄武门（清改神武门），东、西分称东、西华门，各开于紫禁城东、西墙南部。四隅建角楼，宫城外有护城河。紫禁城内的中轴线上，前为外朝三大殿，左右配置文华殿和武英殿两组建筑群。外朝之后为内廷，在中轴线上置三宫和御花园，其东、西路分置东、西六宫和乾东、西五所，东、西六宫之南略偏分置奉先殿和养心殿。外东路有端本宫（慈庆宫）、仁寿宫等建筑群。外西路有慈宁宫、隆德宫、咸安宫、英华殿等建筑群。沿宫墙内侧配置有"廊下家"和内监诸房库等。入清以后，虽然多有修复，但其总体形制布局未变。

紫禁城考古是明清都城考古最重要的收获，在配合故宫博物院工程建设的基建考古工作中，陆续发现了部分明清时期的宫殿建筑基础。故宫西河沿发现两座明代排房建筑基础，结合史料记载推断该排房是明代主要供答应、长随居住的"廊下家"西段。[①] 故宫南三所外南侧揭露出故宫东城墙内侧的墙基、铺砖地面、排水沟、大型夯土基础等一组较为完整的遗迹，根据地层关系与出土的瓷器残片与建筑构件残件判断夯土基础属于永乐时期营建宫城时的基础工程遗迹。[②] 故宫西华门内南侧，

---

① 李永强：《故宫西河沿遗址》，北京市文物研究所：《北京皇家建筑遗址发掘报告》，科学出版社 2009 年版。

② 故宫博物院考古研究所：《故宫东城墙基 2014 年考古发掘简报》，《故宫博物院院刊》2016 年第 3 期。

南薰殿院落以南发现明代的一排东西向廊房建筑，清理出原位的三列三行共 7 个柱顶石和移位的柱顶石、磉礅、排水沟、砖铺地面、散水及一段残垣。[①] 故宫隆宗门西广场北侧发现元明清建筑遗址，清理出层位关系清楚的清代砖砌排水沟和砖铺地面、明后期砖铺地面、明中后期门和墙基址、明早期磉礅基址、元代磉礅和夯土层基址等建筑遗迹，与文献记载元代宫城、明清紫禁城营建的时间相一致，堪称故宫元明清"三叠层"。[②] 故宫慈宁宫花园东院发现明早期大型宫殿建筑基址、明代后期砖铺地面、砖石混建排水沟及清代中期砖铺地面、建筑材料施工坑等重要遗迹。其中最重要的明早期大型宫殿建筑基址由地钉、桩承台、磉礅、夯土层、夯层砖等遗迹构成，根据出土文物和文献记载推测此处宫殿建筑基址始建时间不晚于明早期，废弃于明后期，为了解明早期大型宫殿建筑基址周边附属设施的地下遗存分布状况提供了重要的考古学依据。[③]

① 故宫博物院考古研究所：《2015 年故宫南大库区域考古发掘简报》，《故宫博物院院刊》2019 年第 6 期。

② 故宫博物院考古研究所：《故宫隆宗门西元明清时期建筑遗址 2015—2016 年考古发掘简报》，《故宫博物院院刊》2017 年第 5 期。

③ 徐华烽、王光尧：《故宫慈宁宫花园东院遗址》，中国考古学会主编：《中国考古学年鉴（2017）》，中国社会科学出版社 2018 年版。徐华烽：《故宫慈宁宫花园东院遗址——揭秘紫禁城"地下宫殿"》，《紫禁城》2017 年第 5 期。

后

记

　　2021 年，笔者开始整理关于北京城墙与城门的老照片，面对一张张尘封多年的黑白相片，仿佛有穿越一甲子之感。在我看来，每一张照片的背后都有两个故事：一是北京城墙与城门的故事，其结局让人伤感；二是北京考古人保护文物的故事，其精神让人敬佩。这两个故事合二为一，为那个逝去的时代留下了深深的烙印。这种伤感与敬佩，也是我对北京城墙与城门的理解。

　　有两句诗正宜此情此景，一句是陶渊明的"误落尘网中，一去三十年"，另一句是《诗经·召南·甘棠》中的"蔽芾甘棠，勿翦勿伐，召伯所茇"。我于 2007 年参加工作，进入北京市文物研究所（北京市考古研究院前身）成为一名北京考古与文物保护工作者，自此算来也十又五年。陶渊明是误落，而我是荣幸，就如樊锦诗先生所言"择一事，终一生"，希望我还能有第二个十五年、第三个十五年。桃李不言，下自成蹊。甘棠所述之意，正是有了老一辈北京考古人的专业精神与默默奉献，才给我们留下了这批珍贵的北京城墙与城门的老照片。正如张忠培先生所言"希望寄托在年轻朋友身上"，前辈已披荆棘，我辈当乘长风破万里浪，上下求索，不负韶华。

　　本书能够完成，首先要感谢北京市文物研究所刘文华所长的大力支持，正是在她的主导下，才有了这项老照片整理工作，功之所成，由君之始。其次要感谢北京市考古研究院李伟敏研究馆员，所附《明清北京城考古发现简述》一文是李老师多年研究北京地区明清考古的最新成果之一。感谢郭豹研究馆员，郭老师对本书提出了不少宝贵意见。再次要感谢我的家人，此心安处是吾家，家人的润物无声，才使我始终如一地保持对事业的昂扬斗志。最后要感谢北京出版社王铁英女士，本书从策划、设计、选片到最终出版，每一个环节都是她在辛勤忙碌，她的专业与敬业精神令人敬佩。希望这本书还能有第二辑、第三辑……

在本书出版之际，向所有关心和帮助过我的老师、朋友与同人表示最真诚的感谢！

申红宝

2022 年 8 月

图书在版编目（CIP）数据

大都有城：一个考古人眼中的北京城墙与城门 / 申
红宝，张中华编著 . — 北京：北京出版社，2023. 10
ISBN 978-7-200-17373-4

Ⅰ . ①大… Ⅱ . ①申… ②张… Ⅲ . ①城墙—介绍—
北京 Ⅳ . ① K928.77

中国版本图书馆 CIP 数据核字（2022）第 154674 号

策　　划：高立志　王铁英
责任编辑：王铁英　陶宇辰
装帧设计：鲁明静
责任营销：猫　娘
责任印制：陈冬梅

大都有城——一个考古人眼中的北京城墙与城门
DADU YOU CHENG——YIGE KAOGUREN YANZHONG DE BEIJING CHENGQIANG YU CHENGMEN
申红宝　张中华　编著

出　　版　北京出版集团
　　　　　北 京 出 版 社
地　　址　北京北三环中路 6 号
邮　　编　100120
网　　址　www.bph.com.cn
总 发 行　北京出版集团
印　　刷　北京华联印刷有限公司
经　　销　新华书店
开　　本　880 毫米 ×1230 毫米　1/16
印　　张　20
字　　数　50 千字
版　　次　2023 年 10 月第 1 版
印　　次　2023 年 10 月第 1 次印刷
书　　号　ISBN 978-7-200-17373-4
定　　价　498.00 元

如有印装质量问题，由本社负责调换
质量监督电话　010-58572393